Quod Enigma

Wehe!

Quod Enigma

Wehe!

Klage- und Weherufe

Fromm Verlag

Imprint

Cover image: www.ingimage.com

Publisher:
Fromm Verlag
is a trademark of
International Book Market Service Ltd., member of OmniScriptum Publishing Group
17 Meldrum Street, Beau Bassin 71504, Mauritius
Printed at: see last page
ISBN: 978-613-8-37075-8

Inhaltsverzeichnis:

I. Weheruf:[1]

"Wehe Dir!" - umgangssprachlich bei uns für die Andeutung einer Klage über das Kommende. In der Bibel ist es ein Klageruf (verbunden mit der Ansage von Gericht), der aber gleichzeitig als Drohung zu verstehen ist:

- AT : Jesaja 5,8-22; Jeremia 23,1; Hesekiel 34,2;

- NT : Weherufe Jesu gegen die Schriftgelehrten und Pharisäer: Matth. 23,13-36; oder gegen die Städte Galiläas: Matthäus 11,20-24.

Die Weheruf enthalten noch die Andeutung, daß es Zeit zur Umkehr ist. Wenn aber keine Umkehr stattfindet, dann tritt das Angedrohte ein.

---

[1] Vgl. http://www.glauben-und-bekennen.de/besinnung/begriffe-w/weheruf.htm

II. Wehe denen:[2]

Jesaja 10

(Schlachter 2000)

10 Wehe denen, die ungerechte[a] Gesetze erlassen, und den Schreibern, die bedrückende Vorschriften schreiben,

[2] womit sie die Armen vom Rechtsweg verdrängen und den Unterdrückten meines Volkes ihr Recht rauben, damit die Witwen ihre Beute werden und sie die Waisen plündern können.

[3] Was wollt ihr tun am Tag der Rechenschaft[b] und wenn der Sturm hereinbricht, der von ferne kommt? Zu wem wollt ihr um Hilfe fliehen, und wo wollt ihr euren Reichtum lassen?

[4] Wer sich nicht mit den Gefangenen beugen will, der muss mit den Erschlagenen fallen! —

Bei alledem hat sich sein Zorn nicht abgewandt; seine Hand bleibt ausgestreckt.

---

2 Vgl. https://www.biblegateway.com/passage/?search=Jesaja%2010&version=SCH2000

III. Recht beugen:[3]

(Lutherbibel 2017)

2Mo 23,6 Du sollst das Recht deines Armen nicht **beugen** in seiner Sache.

5Mo 16,19 Du sollst das Recht nicht **beugen** und sollst auch die Person nicht ansehen und keine Geschenke nehmen. Denn Geschenke machen die Weisen blind und verdrehen die Sache der Gerechten.

5Mo 24,17 Du sollst das Recht des Fremdlings und der Waise nicht **beugen** und sollst der Witwe nicht das Kleid zum Pfand nehmen.

Hi 9,13 Gott wehrt seinem Zorn nicht; unter ihn mussten sich **beugen** die Helfer Rahabs.

Ps 22,30 Ihn allein werden anbeten alle Großen auf Erden; vor ihm werden die Knie **beugen** alle, / die zum Staube hinabfuhren und ihr Leben nicht konnten erhalten.

Ps 66,3 Sprecht zu Gott: Wie wunderbar sind deine Werke! Deine Feinde müssen sich **beugen** vor deiner großen Macht.

Ps 81,16 Und die den HERRN hassen, müssten sich vor ihm **beugen**, aber Israels Zeit würde ewiglich währen,

[3] Vgl. https://www.bibleserver.com/search/LUT/beugen

Spr 17,23 Der Frevler nimmt gern heimlich Geschenke, zu **beugen** den Weg des Rechts.

Spr 18,5 Es ist nicht gut, die Person des Frevlers zu achten, zu **beugen** den Gerechten im Gericht.

Jes 2,11 Denn alle hoffärtigen Augen werden erniedrigt, und die stolzen Männer müssen sich **beugen**; der HERR aber wird allein hoch sein an jenem Tage.

Jes 2,17 dass sich **beugen** muss alle Hoffart der Menschen und sich demütigen müssen, die stolze Männer sind, und der HERR allein hoch sei an jenem Tage.

Jes 10,2 um die Sache der Armen zu **beugen** und Gewalt zu üben am Recht der Elenden in meinem Volk, dass die Witwen ihr Raub und die Waisen ihre Beute werden!

Jes 29,21 welche die Leute schuldig sprechen vor Gericht und stellen dem nach, der sie zurechtweist im Tor, und **beugen** durch Lügen das Recht des Unschuldigen.

Jes 45,23 Ich schwöre bei mir selbst, und Gerechtigkeit geht aus meinem Munde, ein Wort, bei dem es bleiben soll: Mir sollen sich alle Knie **beugen** und alle Zungen schwören

Jes 46,2 Sie fallen und **beugen** sich allesamt, sie können die Last nicht retten; sie selbst müssen in die Gefangenschaft gehen.

Mi 6,6 »Womit soll ich mich dem HERRN nahen, mich **beugen** vor dem Gott in der Höhe? Soll ich mich ihm mit Brandopfern nahen, mit einjährigen Kälbern?

Röm 14,11 Denn es steht geschrieben (Jesaja 45,23): »So wahr ich lebe, spricht der Herr, mir sollen sich alle Knie **beugen**, und alle Zungen sollen Gott bekennen.«

Phil 2,10 dass in dem Namen Jesu sich **beugen** sollen aller derer Knie, die im Himmel und auf Erden und unter der Erde sind,

Sir 33,27 Joch und Riemen **beugen** den Nacken, und einem bösen Knecht gebühren Schläge und Qualen.

IV. Wehe in der Bibel:[4]

Psalmen 119:158

Ich sehe die Verächter, und es tut mir wehe, daß sie dein Wort nicht halten.

Sprüche 13:15

Feine Klugheit schafft Gunst; aber der Verächter Weg bringt Wehe.

Jesaja 3:11

Wehe dem Gottlosen! Ihm wird's übel ergehen; denn was seine Hände verübt haben, wird ihm widerfahren.

Jesaja 5:8

Wehe denen, die Haus an Haus reihen, Feld an Feld rücken, bis kein Platz mehr bleibt, und es dahin gebracht ist, daß ihr allein im Lande wohnt.

---

[4] Vgl. https://bible.knowing-jesus.com/Deutsch/words/Wehe und https://bible.knowing-jesus.com/Deutsch/words/Wehe?page=2

Jesaja 5:18

Wehe denen, die Verschuldung an Stricken des Unrechts herbeiziehn und Strafe wie mit Wagenseilen!

Jesaja 5:20

Wehe denen, die Böses gut nennen und Gutes böse, die Finsternis zu Licht machen und Licht zu Finsternis, die bitter zu süß machen und süß zu bitter.

Jesaja 5:21

Wehe denen, die in ihren eigenen Augen weise sind und vor sich selber klug!

Jesaja 10:1

Wehe denen, die Unheilsgesetze geben, und den Schreibern, die immerfort Qual schreiben,

Jesaja 17:12

Wehe! ein Tosen vieler Völker - wie Meerestosen tosen sie! und ein Brausen der Nationen - wie das Brausen gewaltiger Wasser brausen sie!

Jesaja 29:15

Wehe denen, die ihre Pläne vor Jahwe tief verbergen, so daß ihr Thun im Finstern geschieht, und dabei denken: Wer sieht uns und wer kennt uns?

Jesaja 33:1

Wehe dir, Verwüster, der selbst nicht Verwüstung erlitt! Wehe dir Treulosem, der selbst nicht Treulosigkeit erfuhr! Wenn du fertigt bist mit Verwüsten, sollst du verwüstet werden; wenn du die Treulosigkeiten beendet hast, wird man dich treulos behandeln.

Jeremia 23:1

Wehe den Hirten, die die Schafe meiner Weide zu Grunde richten und zerstreuen! ist der Spruch Jahwes.

Jeremia 30:7

Wehe! gewaltig ist jener Tag, es giebt seinesgleichen nicht, und eine Zeit der Angst ist's für Jakob, aber - er wird daraus gerettet werden!

Klagelieder 5:16

Die Krone ist uns vom Haupte gefallen: wehe uns, daß wir gesündigt haben!

Hesekiel 6:11

So spricht der Herr Jahwe: Schlage in deine Hand und stampfe mit dem Fuß und rufe Wehe über alle die Greuel des Hauses Israel, denn durch das Schwert, den Hunger und die Pest werden sie fallen.

Hesekiel 13:3

So spricht der Herr Jahwe: Wehe über die thörichten Propheten, die ihrem eigenen Geiste folgen und dem, was sie in Wahrheit nicht geschaut haben.

Hesekiel 13:18

und sprich: So spricht der HERR HERR: Wehe euch, die ihr Kissen macht den Leuten unter die Arme und Pfühle zu den Häuptern, beide, Jungen und Alten, die Seelen zu fangen. Wenn ihr nun die Seelen gefangen habt unter meinem Volk, verheißt ihr ihnen das Leben

Hesekiel 13:22

Weil ihr das Herz des Frommen betrügerischerweise gekränkt habt, während ich ihm doch nicht wehe gethan haben wollte, und weil ihr die Hände des Gottlosen stärktet, damit er sich nicht von seinem bösen Wandel bekehre und so am Leben erhalten werde,

Hesekiel 16:23

Und nach aller deiner Bosheit - wehe, wehe über dich! - ist der Spruch des Herrn Jahwe,

Hesekiel 30:2

Menschensohn, weissage und sprich: So spricht der Herr Jahwe: Schreit wehe über den Tag!

Hesekiel 34:2

Menschensohn, weissage über die Hirten Israels, weissage und sprich zu ihnen: So spricht der Herr Jahwe: Wehe über die Hirten Israels, die sich selbst weideten! Sollen nicht die Hirten die Schafe weiden?

Hosea 7:13

Wehe ihnen, daß sie sich fern von mir umhertreiben! Verheerung über sie, daß sie sich gegen mich empört haben! Ich erlöste sie so oft, sie aber führten lügnerische Reden über mich

Joel 1:15

Wehe über den Tag! Denn der Tag Jahwes steht nahe bevor und er kommt wie Verwüstung vom Allmächtigen.

Amos 5:18

Wehe denen, die sich den Tag Jahwes herbeiwünschen! Was soll euch doch der Tag Jahwes? Er ist ja Finsternis, nicht Licht!

Amos 6:1

Wehe über die Sorglosen auf dem Zion und die Sicheren auf dem Berge von Samaria, die den Adel des vornehmsten der Völker bilden, und denen das Reich Israel zuströmt!

Micha 2:1

Wehe denen, die Heilloses planen und Schlimmes ins Werk setzen auf ihren Lagern, um es bei Anbruch des Morgens auszuführen, sobald es in ihrer Macht steht.

Nahum 3:1

Wehe der mörderischen Stadt, die voll Lügen und Räuberei ist und von ihrem Rauben nicht lassen will!

Habakuk 2:5

Wehe über den Treulosen, den Mann, der begehrt und nicht satt wird, der wie die Hölle seinen Rachen aufsperrt und an Unersättlichkeit dem Tode gleicht, der alle Völker an sich zog und alle Nationen um sich versammelte.

Habakuk 2:6

Werden nicht diese alle ein Spottlied auf ihn anstimmen und Stichelrede, Rätselsprüche in Bezug auf ihn? Man wird sagen: Wehe über den, der fremdes Gut anhäuft - auf wie lange wohl? - und der sich mit gepfändeter Habe belastet.

Habakuk 2:9

Wehe über den, der nach bösem Gewinne für sein Haus trachtet, um sein Nest in der Höhe anzulegen, um sich aus der Gewalt des Unglücks zu erretten!

Habakuk 2:12

Wehe über den, der eine Stadt mit Blutvergießen baut und eine Ortschaft mit Frevel gründet!

Sacharja 11:17

Wehe über den nichtsnützigen Hirten, der die Herde im Stiche läßt! Verderben über seinen Arm und sein rechtes Auge! Sein Arm müsse gänzlich verdorren und sein rechtes Auge völlig erlöschen!

Matthäus 18:7

Wehe der Welt der Aergernisse halber; denn die Aergernisse müssen kommen - doch wehe dem Menschen, durch welchen das Aergernis kommt.

Matthäus 23:13

Wehe aber euch, ihr Schriftgelehrte und Pharisäer, ihr Heuchler, daß ihr das Reich der Himmel zuschließet vor den Menschen; denn ihr kommt nicht hinein, und laßt auch andere nicht hineinkommen, die hineingehen wollten.

Matthäus 23:14

Wehe euch, ihr Schriftgelehrte und Pharisäer, ihr Heuchler, daß ihr die Häuser der Witwen aussauget, und verrichtet lange Gebete zum Schein; ihr werdet nur um so schwerer in's Gericht kommen.

Matthäus 23:15

Wehe euch, ihr Schriftgelehrte und Pharisäer, ihr Heuchler, daß ihr Meer und Festland durchstreifet, um einen einzigen Proselyten zu machen; und wird es, so macht ihr aus ihm einen Sohn der Hölle zweimal so arg als ihr.

Matthäus 23:16

Wehe euch, ihr blinde Führer, die ihr sagt: wer beim Tempel schwört, das gilt nichts; wer aber beim Golde des Tempels schwört, der ist verpflichtet.

Matthäus 23:23

Wehe euch, ihr Schriftgelehrte und Pharisäer, ihr Heuchler, ihr verzehntet Münze, Dill und Kümmel, und lasset dahinten das Schwere vom Gesetz, das Recht, die Barmherzigkeit und die Treue. Dieses galt es zu thun und jenes nicht lassen.

Matthäus 23:25

Wehe euch, ihr Schriftgelehrte und Pharisäer, ihr Heuchler, daß ihr Becher und Schüssel auswendig reinigt, inwendig aber sind sie voll von Raub und Unmäßigkeit.

Matthäus 23:27

Wehe euch, ihr Schriftgelehrte und Pharisäer, ihr Heuchler, daß ihr ähnlich seid getünchten Gräbern, die da von außen anmutig aussehen, inwendig aber sind sie voll von Totenbeinen und lauter Unreinigkeit.

Matthäus 23:29

Wehe euch, ihr Schriftgelehrte und Pharisäer, ihr Heuchler, daß ihr die Gräber der Propheten aufbaut und die Denkmäler der Gerechten schmückt,

Matthäus 26:24

Der Sohn des Menschen geht wohl dahin, wie von ihm geschrieben steht: wehe aber jenem Menschen, durch welchen der Sohn des Menschen verraten wird. Diesem Menschen wäre es besser, wenn er nicht geboren wäre.

Markus 14:21

Ja, der Sohn des Menschen geht wohl dahin, wie von ihm geschrieben steht; wehe aber jenem Menschen, durch welchen der Sohn des Menschen verraten wird: diesem Menschen wäre es besser, wenn er nicht geboren wäre.

Lukas 6:24

Dagegen wehe euch Reichen, denn ihr habt euren Trost dahin.

Lukas 6:25

Wehe euch, die ihr jetzt voll seid, denn ihr werdet hungern. Wehe, die ihr jetzt lachet, den ihr werdet trauern und weinen.

Lukas 6:26

Wehe, wenn alle Welt euch schön thut, denn ebenso haben ihre Väter den Lügenpropheten gethan.

Lukas 11:42

Aber wehe euch den Pharisäern, daß ihr verzehntet Münze und Raute und jedes Kraut, und gehet vorbei am Recht und der Liebe Gottes; dieses galt es thun und jenes nicht lassen.

Lukas 11:43

Wehe euch den Pharisäern, daß ihr liebt die Vordersitze in den Synagogen, und Begrüßungen auf den Märkten.

Lukas 11:44

Wehe euch, daß ihr seid wie die unkenntlichen Gräber, da die Leute darüber hingehen und wissen es nicht.

Lukas 11:46

Er aber sprach: Auch euch, den Gesetzesmännern wehe, daß ihr belastet die Menschen mit schwer zu tragenden Lasten, und selbst tupft ihr die Lasten nicht mit einem eurer Finger an.

Lukas 11:47

Wehe euch, daß ihr bauet den Propheten die Grabdenkmale, eure Väter aber waren es, die sie getötet.

Lukas 11:52

Wehe euch den Gesetzesmännern, daß ihr den Schlüssel der Erkenntnis weggenommen habt; ihr seid selbst nicht hineingekommen und habt gehindert, die hineingehen wollten.

Lukas 17:1

Er sagte aber zu seinen Jüngern: es ist unvermeidlich, daß Aergernisse kommen. Aber, wehe dem, durch welchen sie kommen.

Lukas 22:22

Denn der Sohn des Menschen gehet hin, wie es bestimmt ist; doch wehe dem Menschen, durch den er verraten wird.

1 Korinther 9:16

Denn daß ich das Evangelium predige, darf ich mich nicht rühmen; denn ich muß es tun. Und wehe mir, wenn ich das Evangelium nicht predigte!

2 Korinther 8:13

Ihr sollt euch nicht selbst wehe thun, um den andern aufzuhelfen, sondern eine Ausgleichung soll es sein:

Judas 1:11

Wehe ihnen, daß sie auf Kains Weg gegangen, und sich durch den Trug des Lohnes Balaams fortreißen ließen, und durch das Widersprechen des Kore zu Grunde gegangen sind.

Offenbarung 8:13

Und ich sah und hörte einen Adler fliegen im Mittelhimmel und rufen mit lauter Stimme: wehe, wehe, wehe über die Bewohner der Erde von dem Schall der Trompeten der drei Engel, die noch blasen werden.

Offenbarung 9:12

Ein Wehe ist dahin; siehe, es kommen noch zwei Wehe nach dem.

Offenbarung 11:14

Das andere Wehe ist dahin; siehe, das dritte Wehe kommt schnell.

Offenbarung 12:12

Darum seid fröhlich, ihr Himmel, und die in denselben ihre Hütte haben; wehe der Erde und dem Meere, denn der Teufel ist herabgekommen zu euch in großem Zorn, und weiß, daß er nur noch wenig Zeit hat.

Offenbarung 18:10

von ferne stehend aus Furcht vor ihrer Qual, und rufend: wehe, wehe, du große Stadt Babylon, du starke Stadt, daß in Einer Stunde dein Gericht gekommen ist.

Offenbarung 18:16

und rufend: wehe, wehe, du große Stadt, die du gekleidet warst in Leinen und Purpur und Scharlach, und vergoldet mit Gold, Edelsteinen und Perlen; denn in Einer Stunde ist all dieser Reichtum verödet.

Offenbarung 18:19

Und sie warfen Staub auf ihre Köpfe, und schrien unter Heulen und Wehklagen: wehe, wehe, du große Stadt, in welcher reich geworden sind die Besitzer der Schiffe auf der See durch ihren Wohlstand; denn sie ist verödet in Einer Stunde.

V. Wehe (Deutsch):[5]

Wortart: Substantiv, *(weiblich)*

Silbentrennung:

We|he, *Mehrzahl*: We|hen

Aussprache/Betonung:

IPA: [ˈveːə]

Wortbedeutung/Definition:

1) *meist im Plural:* Kontraktion der Gebärmutter während der Geburt

2) zusammengewehte, aufgehäufte Ansammlung (zum Beispiel von Schnee oder Sand)

3) plötzlicher Windstoß

Begriffsursprung:

1) mittelhochdeutsch *wē*, *wēhe* „Geburtswehe“. Kluge datiert das Wort auf das 16. Jahrhundert.

[5] Vgl. https://www.wortbedeutung.info/Wehe/

Synonyme:

1) Geburtswehe

2) Verwehung

Untergeordnete Begriffe:

1) Eröffnungswehe, Nachgeburtswehe, Nachwehe, Presswehe, Senkwehe, Stillwehe, Übungswehe, Vorwehe

2) Schneewehe

Anwendungsbeispiele:

1) Es waren schmerzhafte *Wehen.*

1) „Die *Wehen* hatten am Morgen eingesetzt, aber noch war kein Laut nach außen gedrungen."

2) Eine *Wehe* versperrte das Tor.

3) Sie wurde von einer *Wehe* erfasst.

Wortbildungen:

1) wehenfördernd, Wehenschmerz, Wehenschreibung, Wehenschwäche, Wehentropf

Fälle:

Nominativ: Einzahl *Wehe*; Mehrzahl *Wehen*

Genitiv: Einzahl *Wehe*; Mehrzahl *Wehen*

Dativ: Einzahl *Wehe*; Mehrzahl *Wehen*

Akkusativ: Einzahl *Wehe*; Mehrzahl *Wehen*

Übersetzungen

- **Englisch**: 1) labour pain; 2) drift
- **Griechisch (Neu-)**: 1) πόνος (pónos) *(männlich)*, ωδίνες (odínes) *(weiblich), Mehrzahl*
- **Niederländisch**: 1) wee
- **Polnisch**: 1) bóle porodowe; 2) zaspa
- **Schwedisch**: 1) värkar *(Utrum) pl*; 2) driva
- **Spanisch**: 2) nevisca; 2) simún *(männlich)*

Wortart: Substantiv, *(sächlich)*

Nebenformen:

Weh

Silbentrennung:

We|he, *keine Mehrzahl*

Aussprache/Betonung:

IPA: [ˈveːə]

Wortbedeutung/Definition:

1) seelisches Leid, seelischer Schmerz

Typische Wortkombinationen:

1) Wohl und Wehe

Weitere Informationen im Eintrag: **Weh** **Fälle:**

Nominativ: Einzahl *Wehe*; Mehrzahl —

Genitiv: Einzahl *Wehes*; Mehrzahl —

Dativ: Einzahl *Wehe*; Mehrzahl —

Akkusativ: Einzahl *Wehe*; Mehrzahl —

Wortart: Deklinierte Form

Silbentrennung:

We|he

Aussprache/Betonung:

IPA: [veːə]

Grammatische Merkmale:

- Nominativ Plural des Substantivs **Weh**
- Genitiv Plural des Substantivs **Weh**
- Akkusativ Plural des Substantivs **Weh**

Ähnliche Begriffe:

Weh, wehe, wehen

Praktische Beispielsätze

Automatisch ausgesuchte Beispiele auf Deutsch:

„Am Ende einer langen Saison hängt Wohl und ***Wehe*** *eines ganzen Vereins an zwei Endspielen: Der FC Ingolstadt trifft in der Relegation um einen Platz in der 2. Bundesliga auf Drittligist SV* ***Wehen*** *Wiesbaden.“*
Sportschau, 23. Mai 2019

„Der SV ***Wehen*** *Wiesbaden ist nach zehn Jahren wieder zweitklassig. Das muss gefeiert werden.“*
Frankfurter Rundschau, 30. Mai 2019

„Große Aufregung in London! Bei Herzogin Meghan haben die ***Wehen*** *eingesetzt.“*
Tag24, 06. Mai 2019

„Eine Frau befand sich auf der A3, als plötzlich die ***Wehen*** *einsetzten.“*
sueddeutsche.de, 26. Februar 2019

„Oh weh! Gegen ***Wehen*** *Wiesbaden gehen die Löwe 1:2 (1:0) unter.“*
BILD.de, 22. September 2018

„Fehlausbruch an der Wall Street oder nicht? Von der Antwort auf diese Frage hängt auch das weitere Wohl und ***Wehe*** *im Dax ab.“*
boerse.ARD.de, 01. November 2019

„Clemens Tönnies ist zurückgetreten - doch die Symptome des kränkelnden Vereins bleiben. Wohl und ***Wehe*** *hängen auch davon ab, wie treu die Schalke-Fans sind."*
sueddeutsche.de, 02. Juli 2020

„Mit einer Anhörung zur Wasserstoffstrategie heute im Wirtschaftsausschuss beginnen die Wochen, die vermutlich über das Wohl und ***Wehe*** *der Energiewende bis auf die Zeit nach der nächsten Bundestagswahl entscheiden."*
klimaretter.info, 26. Oktober 2020

„Holstein Kiel hat gegen den Tabellenvorletzten ***Wehen*** *Wiesbaden Sturmprobleme."*
GMX, 12. Juni 2020

„Oh weh in Wiesbaden! Schon wieder ärgert ***Wehen*** *Wiesbaden den VfB Stuttgart. Der HSV zieht mit 2:2 in Fürth in der Tabelle vorbei."*
BILD.de, 17. Mai 2020

Die Verwendungsbeispiele wurden maschinell ausgewählt und können dementsprechend Fehler enthalten.

Wörterbucheinträge

Einträge aus unserem Wörterbuch, in denen „Wehe“ vorkommt:

der: ...Singular: welcher 1) Plural: welche 2) Plural: welchen Anwendungsbeispiele: 1) Wehe dem Mann, der mich schlug! 2) Der Frau, der du dauernd Blumen schickst, gefällt...

Weh: Weh (Deutsch) Wortart: Substantiv, (sächlich) Fälle: Nominativ: Einzahl das Weh; Mehrzahl die Wehe Genitiv: Einzahl des Weh(e)s; Mehrzahl der Wehe Dativ: Einzahl dem Weh;...

Wohl: ...begangen. 1) Erneut gab es dort eine Zusammenkunft, bei der es um das Wohl und Wehe der geschlossenen Einrichtung ging. 1) Die Kneipengänger riefen alle aus voller Brust: zum...

garbí: ...von der Costa Brava: "La Calma de la Mar" (dt.: Die Ruhe des Meeres) Deutsch: "Wehe kleiner Wind von Südwest Gib uns Wind von hinten und ruhiges Meer! Denn wir werden...

Majuskel: ...an sich, an der Erde, an allem Leben gar nicht loswürden und sich selber so viel Wehe thäten als möglich, aus Vergnügen am Wehethun.“ 1) „Der Unterschied zwischen...

VI. Wehe (Substantiv):[6]

Wehe (Deutsch)

Substantiv, *n, Schmerz*

	Singular	**Plural**
Nominativ	das Wehe	—
Genitiv	des Wehes	—
Dativ	dem Wehe	—
Akkusativ	das Wehe	—

Nebenformen:

Weh

Worttrennung:

We·he, *kein Plural*

Aussprache:

IPA: [ˈveːə]

Hörbeispiele: —

Reime: -eːə

[6] Vgl. https://de.wiktionary.org/wiki/Wehe

Bedeutungen:

[1] *veraltet gehoben:* seelischer Schmerz

[2] *veraltet seltener:* körperlicher Schmerz

Redewendungen:

[1, 2] das Wohl und *Wehe*

Alle weiteren Informationen zu diesem Begriff befinden sich im Eintrag **„Weh"**.
Ergänzungen sollten daher auch nur dort vorgenommen werden.

Referenzen und weiterführende Informationen:

[*] Digitales Wörterbuch der deutschen Sprache „Wehe[3]"

[*] Duden online „Wehe"

[1, 2] *Duden, Das große Wörterbuch der deutschen Sprache.* 10 Bände auf CD-ROM ; mehr als 200 000 Stichwörter mit rund 90 000 Belegen aus mehreren Hundert Quellen ; vielfältige Recherchemöglichkeiten ; für MS Windows und Apple Macintosh. Dudenverlag, Mannheim/Leipzig/Wien/Zürich 2000, ISBN 978-3-411-71001-0, Stichwort »[1]Wehe«.

Substantiv, *f*, ***Geburtsschmerz***[Bearbeiten]

	Singular	**Plural**
Nominativ	die Wehe	die Wehen
Genitiv	der Wehe	der Wehen
Dativ	der Wehe	den Wehen
Akkusativ	die Wehe	die Wehen

Worttrennung:

We·he, Plural: We·hen

Aussprache:

IPA: [ˈveːə]

Hörbeispiele: 🔉 Wehe (Info)

Reime: -eːə

Bedeutungen:

[1] *zumeist im Plural:* Kontraktion der Gebärmutter während der Geburt

Herkunft:

Es handelt sich um ein Erbwort, das über die mittelhochdeutschen Formen *wē* → gmh, *wēhe* → gmh[1] und *wēwē* → gmh ‚Schmerz, Leid; Geburtswehe'[2] wohl auf althochdeutsches *wēwo* → goh zurückgeht.[2]

Synonyme:

[1] Geburtswehe

[1] *veraltet, nur im Plural:* Kindesnöte / Kindsnöte

Unterbegriffe:

[1] Eröffnungswehe, Nachgeburtswehe, Nachwehe, Presswehe, Senkwehe, Stillwehe, Treibwehe, Übungswehe, Vorwehe

Beispiele:

[1] Es waren schmerzhafte *Wehen.*

[1] „Die *Wehen* hatten am Morgen eingesetzt, aber noch war kein Laut nach außen gedrungen.“[3]

[1] „Sie hebt mich auf die Beine, weil ich mich bewegen soll, sobald die *Wehen* eine Pause einlegen.“[4]

[1] „Da bäumte sich wieder eine *Wehe* in ihr auf.“[5]

[1] „Die *Wehen* setzen ein, als Charlotte zusammen mit ihrem Freund dort einem Boxkampf beiwohnt.“[6]

Charakteristische Wortkombinationen:

[1] die *Wehen* haben begonnen, kommen, setzen ein; die *Wehen* hören auf, lassen nach, setzen aus

[1] in die *Wehen* kommen; in den *Wehen* liegen

[1] heftige, starke *Wehen* haben; schwache *Wehen* haben

Wortbildungen:

Adjektive: wehenartig, wehenfördernd, wehenhemmend

Substantive: Wehenhemmer, Wehenschmerz, Wehenschreibung, Wehenschwäche, Wehentätigkeit, Wehentropf, Wehfrau, Wehmutter

[1] Digitales Wörterbuch der deutschen Sprache „Wehe[1]“

[1] The Free Dictionary „Wehe“

[1] Duden online „Wehe“

[1] wissen.de – Wörterbuch „Wehe[2]“

[1] PONS – Deutsche Rechtschreibung „Wehe[1]“

[*] Uni Leipzig: *Wortschatz-Portal* „Wehe“

[1] *Duden, Das große Wörterbuch der deutschen Sprache.* 10 Bände auf CD-ROM ; mehr als 200 000 Stichwörter mit rund 90 000 Belegen aus mehreren Hundert Quellen ; vielfältige Recherchemöglichkeiten ; für MS Windows und Apple Macintosh. Dudenverlag, Mannheim/Leipzig/Wien/Zürich 2000, ISBN 978-3-411-71001-0, Stichwort »[2]Wehe«.

Wörterbuch des Deutschen, digitalisierte und aufbereitete Ausgabe basierend auf der 2., im Akademie-Verlag 1993 erschienenen Auflage. Stichwort „Wehe“.

↑ Dudenredaktion (Herausgeber): *Duden, Das Herkunftswörterbuch.* Etymologie der deutschen Sprache. In: *Der Duden in zwölf Bänden.* 5., neu bearbeitete Auflage. Band 7, Dudenverlag, Berlin/Mannheim/Zürich 2013, ISBN 978-3-411-04075-9, Stichwort »Weh«, Seite 917. Duden online „Wehe"

↑ Ralph Giordano: *Die Bertinis.* Roman. 22. Auflage. Fischer Taschenbuch Verlag, Frankfurt am Main 2008, ISBN 978-3-596-25961-8, Seite 95 (Erstauflage 1982).

↑ Christian Graf von Krockow: *Die Stunde der Frauen.* Bericht aus Pommern 1944 bis 1947. Nach einer Erzählung von Libussa Fritz-Krockow. 11. Auflage. Deutsche Verlags-Anstalt, Stuttgart/München 2000, ISBN 3-421-06396-6, Seite 80 (Erstauflage 1988).

↑ Katharina Adler: *Ida.* Roman. 1. Auflage. Rowohlt Verlag, Reinbek bei Hamburg 2018, ISBN 978-3-498-00093-6, Seite 152.

↑ Yves Buchheim, unter Mitarbeit von Franz Kotteder: *Buchheim.* Künstler, Sammler, Despot: Das Leben meines Vaters. Heyne, München 2018, ISBN 978-3-453-20197-2, Seite 17.

Substantiv, *f, Anhäufung*

IPA: [ˈveːə]

Hörbeispiele: 🔊 Wehe (Info)

Reime: -eːə

Bedeutungen:

[1] *Deutschland:*[1] durch den Wind aufgewehte, zusammengewehte Anhäufung, vor allem von Schnee oder Sand

Herkunft:

Es handelt sich um eine seit dem 18. Jahrhundert[2] bezeugte explizite Ableitung zum Verb *wehen*.[1]

Synonyme:

[1] *Italien (Südtirol), Liechtenstein, Süddeutschland, Österreich, Schweiz:* Wechte[1]

[1] *veraltet:* Wehde[3]

Sinnverwandte Wörter:

[1] Verwehung

Oberbegriffe:

[1] Anhäufung

Unterbegriffe:

[1] Sandwehe, Schneewehe

Beispiele:

[1] „Und ſie ſah der davonrollenden Britſchka und dem polternden Karren nach, bis beide verſchwunden waren hinter einer *Wehe* von Staub, hinter einer Woge von goldenen Ähren.“[4]

[1] „Trotzdem überwältigt ihn der Katarakt von Getöse immer wieder, der die Luft erfüllt, vom Walde her, wo mit dem Brausen eines unermüdlichen Wasserfalls schwellend und stoßend der Wind den Schnee zu *Wehen* bläst, Zweige aneinanderschlägt und hin und wieder ein schußartiges Dröhnen verursacht, dadurch, daß unter seinem Ansturm und der Sprödigkeit des Frostes ein Baum einen seiner schweren Äste krachend hergeben muß.“[5]

[1] „Dad hat in der Nähe des Flusses gelegen, am Waldrand, in einer *Wehe* aus vorjährigen Blättern und Schnee.“[6]

Übersetzungen

[1] Digitales Wörterbuch der deutschen Sprache „Wehe²"

[1] The Free Dictionary „Wehe"

[1] Duden online „Wehe"

[1] wissen.de – Wörterbuch „Wehe¹"

[1] PONS – Deutsche Rechtschreibung „Wehe²"

[*] Uni Leipzig: *Wortschatz-Portal* „Wehe"

[1] Jacob Grimm, Wilhelm Grimm: *Deutsches Wörterbuch.* 16 Bände in 32 Teilbänden. Leipzig 1854–1961 „Wehe"

[1] *Duden, Das große Wörterbuch der deutschen Sprache.* 10 Bände auf CD-ROM ; mehr als 200 000 Stichwörter mit rund 90 000 Belegen aus mehreren Hundert Quellen ; vielfältige Recherchemöglichkeiten ; für MS Windows und Apple Macintosh. Dudenverlag, Mannheim/Leipzig/Wien/Zürich 2000, ISBN 978-3-411-71001-0, Stichwort »³Wehe«.

Quellen:

↑ Autorenteam unter der Leitung von Christa Dürscheid, Stephan Elspaß und Arne Ziegler: *Wächte, Wechte / Wehe.* In: *Variantengrammatik des Standarddeutschen.*. 12. Dezember 2018, abgerufen am 20. Juli 2019.

↥ Wolfgang Pfeifer: *Etymologisches Wörterbuch des Deutschen,* digitalisierte und aufbereitete Ausgabe basierend auf der 2., im Akademie-Verlag 1993 erschienenen Auflage. Stichwort „Wehe²".

↥ Jacob Grimm, Wilhelm Grimm: *Deutsches Wörterbuch.* 16 Bände in 32 Teilbänden. Leipzig 1854–1961 „Wehe"
Jacob Grimm, Wilhelm Grimm: *Deutsches Wörterbuch.* 16 Bände in 32 Teilbänden. Leipzig 1854–1961 „Wehde"

↥ Clara Viebig: *Das ſchlafende Heer.* Roman. Zwölfte Auflage. Egon Fleiſchel & Co., Berlin 1904, Seite 517–518 (Zitiert nach Internet Archive).

↥ Arnold Zweig: *Der Streit um den Sergeanten Grischa.* Roman. Gustav Kiepenhauer Verlag, Berlin 1929, Seite 21 (Zitiert nach Internet Archive; Erstauflage 1927).

↥ Wolfdietrich Schnurre: *Der Schattenfotograf.* Aufzeichnungen. Paul List Verlag, München 1978, ISBN 3-471-78726-7, Seite 308 (Zitiert nach Google Books).

Deklinierte Form

Worttrennung:

We·he

Aussprache:

IPA: [ˈveːə]

Hörbeispiele: —

Reime: -eːə

Grammatische Merkmale:

Nominativ Plural des Substantivs **Weh**

Genitiv Plural des Substantivs **Weh**

Akkusativ Plural des Substantivs **Weh**

Wehe ist eine flektierte Form von **Weh.** Alle weiteren Informationen findest du im Haupteintrag **Weh.**
Bitte nimm Ergänzungen deshalb auch nur dort vor.

ähnlich geschrieben und/oder ausgesprochen: Weh, wehe, wehen

VII. Die Wehe:[7]

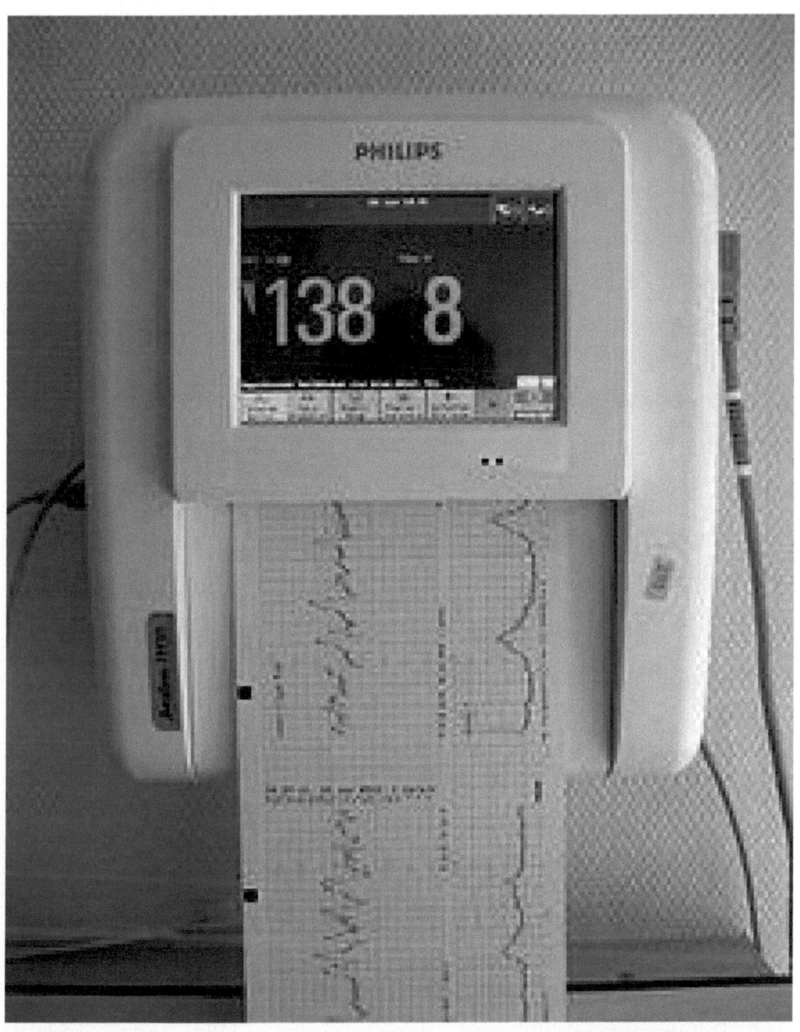

Wehenschreiber: Die Zahl links ist die Herzfrequenz des Ungeborenen.

[7] Vgl. https://de.wikipedia.org/wiki/Wehe

Eine **Wehe** ist
eine Muskelkontraktion der Gebärmuttermuskulatur während der Gravidität (Trächtigkeit bzw. Schwangerschaft) und unter der Geburt bei Säugetieren. Der Name leitet sich von den Schmerzäußerungen (das „Weh“) der Gebärenden ab, die die Wehe verursacht. Als Wehen werden dabei Muskelkontraktionen bezeichnet, die einen Einfluss auf die Geburt haben, sei es durch Verkürzung oder Öffnung des Gebärmutterhalses oder durch Bewegung des Fetus Richtung Beckenboden.

Wehen können aber auch bereits während der Schwangerschaft entstehen (Schwangerschaftswehen, Senkungswehen) und sie treten verstärkt unmittelbar vor und bei der Geburt auf (Geburtswehen). Die einzelnen Wehen haben jeweils eine Länge von 20 bis 60 Sekunden Dauer, ihre Frequenz ist abhängig vom Typ der Wehen. Nicht als Wehen bezeichnet werden Kontraktionen der Gebärmutter während der Menstruation.

Die Methode der Wahl Wehen zu messen und zu dokumentieren ist die Tokometrie.

Beschreibung

Wehen
sind rhythmische Muskelkontraktionen der Gebärmutter während der Schwangerschaft und des Gebärens. Wie jeder Muskel trainieren muss, ist auch die glatte Muskulatur des Uterus darauf angewiesen die am Beginn der Schwangerschaft noch unzureichende Verbindungen und schwachen Ausbreitung der

Erregungsleitung dieser Muskelzellen so zu optimieren, dass sie schließlich den Anforderungen der Geburt genügen. Während diese Übungswehen meist kurz und schmerzlos sind und häufig auch von der Frau nur wenig wahrgenommen werden, sind Geburtswehen sehr schmerzhaft.[1][2]

Die Wehen sind sowohl die treibende Kraft bei der Einstellung des Fetus in den Geburtskanal wie der Austreibung des ungeborenen Kindes aus dem Mutterleib. Einzelne Wehen sind zeitlich klar gegeneinander abgegrenzt, Stärke und Frequenz nehmen im Laufe der Geburt zu. Sie haben jeweils eine Länge von 20 bis 60 Sekunden Dauer, ihre Frequenz ist abhängig vom Typ der Wehen.[2]

Wehenarten und Geburtsphasen

Im Laufe der Schwangerschaft und Geburt sowie danach gibt verschiedene Arten von Wehen:[2]

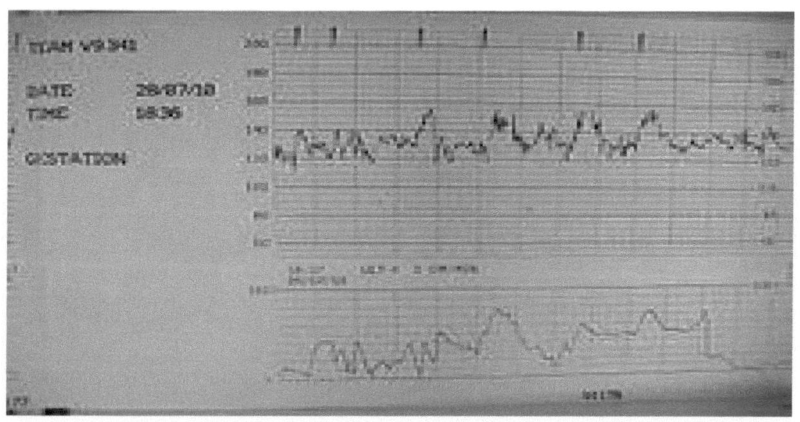

Ein aufgezeichnetes Cardiotokogramm (CTG)

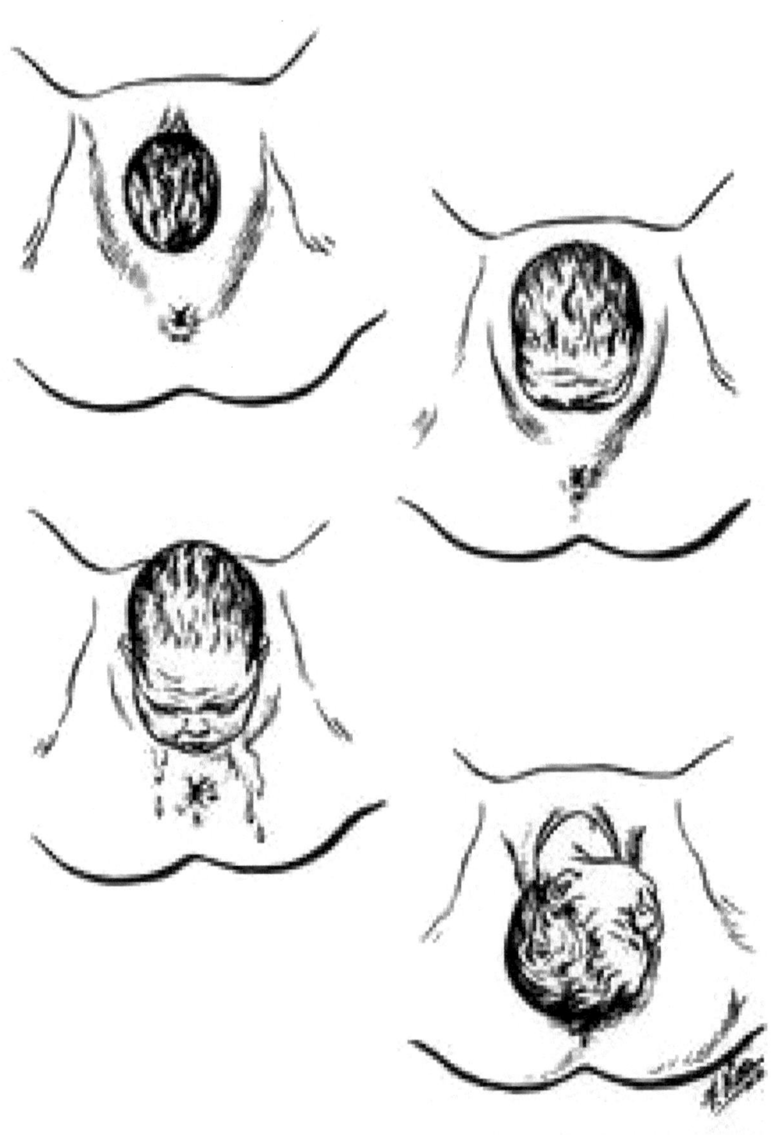

Phasen der Geburt beim Auspressen des Kindes

- *vorzeitige* Wehen, auch Schwangerschaftswehen oder Senkungswehen, treten vor der 20. Schwangerschaftswoche vor allem bei Verlagerungen der Gebärmutter auf. Sie sind in der Regel schmerzfrei und machen sich durch ein leichtes Ziehen im Unterleib bemerkbar.[1] In sehr seltenen Fällen können sie sich verstärken und zu einer Frühgeburt führen. Zur Reduzierung und Wehenhemmung werden in diesen Fällen Tokolytika eingesetzt. Die Abgrenzung zu (schmerzhaften) *Übungswehen* ist schwierig (s. u.).
- *Übungswehen,* sogenannte Braxton-Hicks-Kontraktion, können etwa ab der 25. Schwangerschaftswoche auftreten. Dabei wird der ganze Bauch hart. Übungswehen, die länger als eine Minute dauern oder starke Schmerzen verursachen, bedürfen der Kontrolle durch Hebammen oder Ärzte. Gegen Ende der Schwangerschaft (ca. ab der 36. Woche) gehen die Übungswehen in *Vorwehen* über.
- *Vorwehen* sind unregelmäßig auftretende Wehen und unterschiedlich schmerzhaft. Sie treten in den Wochen und Tagen vor der Geburt als einleitender Teil derselben auf und werden auch als *Senkwehen* oder *Stellwerken* bezeichnet, da sie das ungeborene Kind in das Becken der Mutter schieben und in den Geburtskanal bringen.[1] In dieser Zeit kann beobachtet werden, dass der Bauch der Schwangeren sich allmählich *senkt.*
- *Eröffnungswehen* sind regelmäßig wiederkehrende Wehen zu Beginn des eigentlichen Geburtsvorgangs, die an Stärke und Häufigkeit zunehmen. Sie setzen etwa 10 bis 12 Stunden vor der Geburt ein,[3] bei Mehrfachgebärenden auch deutlich später, und haben jeweils einen Abstand von 10 bis 15 Minuten. Sie dienen

zur vollständigen Öffnung des Muttermundes auf die erforderlichen zehn Zentimeter Weite und führen in der Regel auch zum Blasensprung.[3][1]

- *Press-* und *Austreibungswehen* sind Wehen, welche das Kind durch den Muttermund und die Vagina schieben und von der Gebärenden durch starkes Pressen unterstützt werden sollten. Sie werden durch die Bauchmuskulatur unterstützt. Bei Erstgebärenden kann diese Phase bis zu 3 Stunden dauern, bei Mehrfachgebärenden teilweise nur 30 bis 60 Minuten. Die Wehenintensität und die -frequenz nehmen zu, teilweise können bis zu 5 Wehen innerhalb von 10 Minuten auftreten.[3][1]
- *Nach-* oder *Nachgeburtswehen* sind Wehen nach dem eigentlichen Geburtsvorgang, die zur Ablösung und Ausstoßung der Plazenta führen. Dies findet meistens innerhalb von 30 bis 60 Minuten nach der Geburt des Kindes statt und erfolgt durch ein kräftiges Zusammenziehen der Gebärmutter, wodurch sich auch die Wundfläche und damit die Blutung verringern.[3]
- *Nachwehen* sind Wehen, die in den Tagen nach der Geburt, also des Wochenbetts, auftreten und die Rückbildung der Gebärmutter *(Involutio uteri)* sowie die Blutstillung unterstützen.[1] Sie treten normalerweise immer auf, sind aber bei Mehrgebärenden sowie bei Müttern, die ihre Kinder stillen *(Stillwehen)* stärker und schmerzhafter. Bei diesen dauert es dann nicht so lange, bis die Gebärmutter ihre ursprüngliche Größe wieder erreicht hat. Beim Stillen wird durch den Reiz an den Brustwarzen aus dem Hypophysenhinterlappen Oxytocin freigesetzt, das auch nach der Geburt noch einen wehenfördernden Effekt hat.

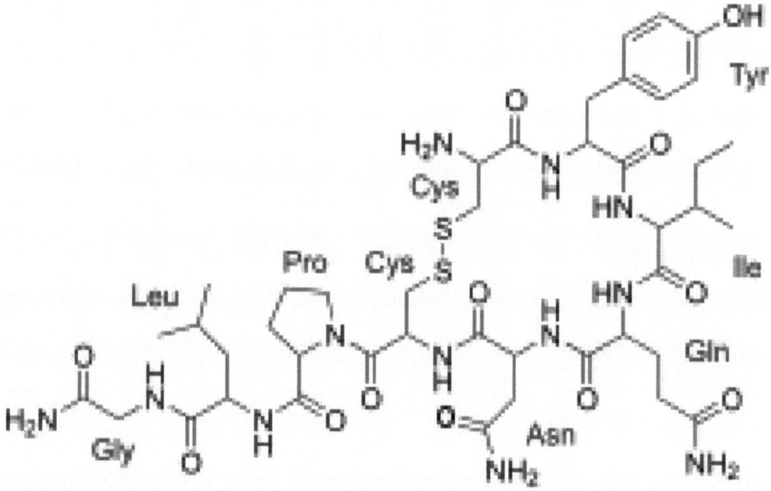

Das in der Hirnanhangsdrüse produzierte Oxytocin löst die Wehen und den Geburtsvorgang aus

Das wehenauslösende Hormon ist das Oxytozin, das in der Hirnanhangsdrüse (Hypophysenhinterlappen) produziert wird.[4] Die Ausschüttung des Oxytozin und die Wehen selbst werden durch verschiedene Faktoren ausgelöst, darunter auch die Abnahme der Progesteronkonzentration und die Zunahme der Prostaglandine im Blut sowie nervale Stimulationen aus dem Bereich der Vagina und der Gebärmutter.[4] Dies geschieht in der Regel etwa 250 bis 185 Tage nach der Befruchtung in der 38. bis 42. Schwangerschaftswoche.[3]

Während der Schwangerschaft steigt die Anzahl der Oxytozin-Rezeptoren der Gebärmutterwand und die Muskulatur der

Gebärmutter wird durch den während der Schwangerschaft sehr hohen Östrogenspiegel im Blut auf die Geburt vorbereitet, indem sie das Membranpotenzial der glatten Uterusmuskulatur senkt. Durch die vermehrte Ausschüttung von Prostaglandinen direkt vor der Geburt werden der Gebärmutterhals und der Muttermund aufgeweicht, sodass sie sich unter der Geburt für den Durchtritt des Kindes öffnen können.[3] Durch diese hormonelle Vorbereitung ist die Gebärmutter zum Zeitpunkt der Geburt auf diese vorbereitet. Die Erregbarkeit und die Fähigkeit zu koordinierter Kontraktion sowie die Kontraktionskraft der Muskulatur sind erhöht.[5] Der finale Auslöser für die Oxytozinausschüttung geht wahrscheinlich vom Kind aus, das bei korrekter Geburtslage mit dem Kopf auf die Dehnungsrezeptoren des Gebärmutterhalses drückt.[5]

Das Oxytozin wird aus der Hypophyse in den Blutkreislauf gegeben und dockt an die Rezeptoren der Gebärmuttermuskulatur an. Es erregt diese stoßweise, da es durch das Enzym Oxytocinase nach jeder Aktivierung sehr schnell wieder abgebaut wird.[5] Zudem stimuliert das Oxytozin die weitere Bildung von Prostaglandinen, die ebenfalls aktivierende Wirkung auf die Muskulatur haben. Der Tonus des Sympathikus ist zudem erhöht und unterstützt die Frau bei der Wehenarbeit.[5] Die Wehen selbst gehen von einem Schrittmacherzentrum spontan aktivierter Muskelzellen aus, die die Erregung mit einer Geschwindigkeit von etwa 2 Zentimeter pro Sekunde an weitere Zellen und damit das gesamte Organ weitergeben, was zur koordinierten Kontraktion führt.[5]

Gemessen werden die Wehenaktivitäten in Montevideo-Einheiten (ME), die die Wehenaktivität als Produkt der Wehenanzahl pro zehn Minuten und dem maximalen Druck (intrauteriner Druck in mmHg) angeben.[5] Die Vorwehen erreichen dabei etwa 20 ME, entsprechend einer Wehe pro zehn Minuten mit einem Druck von 20 mmHg. Mit der Eröffnungsphase steigt die Wehenfrequenz auf 3 Wehen pro zehn Minuten mit 30 bis 50 mmHg Druck, wobei der Kopf in den Muttermund gedrückt wird und sich der Zervixkanal zunehmend öffnet. Durch die Dehnung der Gewebe und des umliegenden Beckens werden Schmerzen verursacht. In der weiteren Austreibungsphase und der Dehnung des Muttermundes kommt es zu weiteren Nervenimpulsen der Dehnungsrezeptoren und die Ausschüttung von Oxytocin wird weiter stimuliert (Ferguson-Reflex), zugleich kommt es zur weiteren Aktivierung des Schrittmacherzentrums und zur reflektorischen Preßmotorik der Bauch- und Zwerchfellmuskulatur, um den Preßvorgang zu unterstützen. Bei den Preßwehen werden Druckwerte von 40 bis 80 mmHg erreicht und die typische Wehenfrequenz liegt bei 4 bis 5 Wehen pro 10 Minuten, dies entspricht als etwa 270 ME.[5]

Wehenmessung

Die Kontrolle der Wehen erfolgt durch Betasten des Bauches mit der Hand oder mittels eines drucksensiblen Gerätes, dem Tokographen (Wehenschreiber). Parallel zur Wehenmessung erfolgt die Kontrolle und Beurteilung des Herzschlags des Kindes in regelmäßigen Abständen vor der Geburt entweder durch das Holztonrohr nach Pinard oder mittels der Ultraschallabnehmer eines Cardiotokographen (CTG) oder Dopton.

Wehenförderung und -minderung

Im Regelfall wird medizinisch in den Geburtsprozess nicht eingegriffen, da es sich um einen natürlichen Prozess handelt. In Einzelfällen sind jedoch medizinische Maßnahmen notwendig, um die Wehenaktivität abzuschwächen oder zu fördern. Dies kann bei verschiedenen Wehenanomalien (Wehendystokien) notwendig werden.[6]

Die Wehenhemmung (Tokolyse) wird vor allem eingesetzt, wenn die Wehenaktivität zu früh in der Schwangerschaft einsetzt und die Gefahr einer Frühgeburt besteht. Sie kann auch notwendig werden bei einem zu früh erfolgten Blasensprung, also dem Einreissen der Fruchtblase, bei sehr starker Wehenbildung während der frühen Geburt sowie bei operativen Eingriffen an der Gebärmutter während der Schwangerschaft. In der Regel erfolgt eine Wehenhemmung durch Beruhigung und Bettruhe sowie medikamentös durch die Gabe von wehenhemmenden Medikamenten wie dem Sympathomimetikum Fenoterol, Sedativa und Magnesiumsulfat .[7]

Eine Wehenförderung kann notwendig werden, wenn eine Geburt aufgrund einer zu langen Übertragung über den erwarteten Geburtstermin hinaus oder aus anderen Gründen eingeleitet werden soll oder wenn die natürliche Wehenintensität bei der Geburt zu schwach ist oder durch Muskelermüdung wieder abnimmt

(Wehenschwäche),[8][6] sodass der Geburtsvorgang und das Kind gefährdet sind. Zur Weheninitialisierung werden verschiedene Mittel und Methoden eingesetzt. Wehenauslösend können verschiedene Genussmittel wie Kaffee und Schwarzer Tee sowie Nikotin sein. Auch warme Bäder, Einläufe oder auch ein Orgasmus können weheneinleitend sein. Als Haus- und Hebammenmittel werden zudem Wehencocktails aus verschiedenen Stimulantien gemischt und getrunken. Medikamentös erfolgt die Wehenverstärkung durch das Sexualhormon Oxytozin, das intravenös über einen sogenannten Wehentropf verabreicht wird und die Gebärmutter stimulieren soll,[9] oder durch Prostaglandine, die in Form eines Gels oder Zäpfchens vor den Muttermund platziert werden und geburtseinleitend sind. Zur Blutungsstillung nach der Geburt können zudem Ergotamine eingesetzt werden, die eine Dauerkontraktion der Gebärmutter auslösen.[10][9]

Bei einer Überdosierung von wehenfördernden Mittel und auch bei natürlichen Wehen kann es in seltenen Fällen zu einem Wehensturm oder *Krampfwehen* kommen, bei dem die Gebärmutter verkrampft.[11][2]

Objektiv kann der Wehenschmerz durch verschiedene Medikamente oder Anästhesieverfahren (z. B. Peridur alanästhesie) gelindert werden. Allerdings können Medikamente und Verfahren eine negative Auswirkung auf die Geburt haben. Zum einen auf die Geburtsdauer, da sie die Effektivität der Wehen selbst verringern können und die Mitarbeit der Gebärenden erschweren. Zum anderen aber auch auf das Kind, da die schmerzstillenden

Substanzen auch in den Blutkreislauf und somit auch in die Blutbahn des Kindes gelangen können.[12]

Siehe auch

- Grantly Dick-Read, englischer Gynäkologe

Belege

1. ↑ *Wehen.* In: *Pschyrembel Wörterbuch Sexualität.* Berlin 2006, S. 1586.
2. ↑ *Wehen.* In: *Pschyrembel Medizinisches Wörterbuch.* 257. Auflage. De Gruyter, Berlin 1993, ISBN 3-933203-04-X, S. 1658.
3. ↑ Arne Schäffler, Nicole Menche: *Mensch – Körper – Krankheit.* 3. Auflage. Urban & Fischer, München 1999, S. 416–418.
4. ↑ Rainer Klinke, Stefan Silbernagl (Hrsg.): *Lehrbuch der Physiologie.* 2. Auflage. Thieme, Stuttgart 1994, ISBN 3-13-796002-9, S. 451.
5. ↑ Rainer Klinke, Stefan Silbernagl (Hrsg.): *Lehrbuch der Physiologie.* 2. Auflage. Thieme, Stuttgart 1994, ISBN 3-13-796002-9, S. 503–505.
6. ↑ *Wehendystokie.* In: *Pschyrembel Medizinisches Wörterbuch.* 257. Auflage. De Gruyter, Berlin 1993, ISBN 3-933203-04-X, S. 1658–1659.
7. ↑ *Wehenhemmung.* In: *Pschyrembel Wörterbuch Sexualität.* Berlin 2006, S. 1586.

8. ↥ *Wehenschwäche.* In: *Pschyrembel Wörterbuch Sexualität.* Berlin 2006, S. 1586.
9. ↑ *Wehenmittel.* In: *Pschyrembel Medizinisches Wörterbuch.* 257. Auflage. De Gruyter, Berlin 1993, ISBN 3-933203-04-X, S. 1658–1659.
10. ↥ *Wehenförderung.* In: *Pschyrembel Wörterbuch Sexualität.* Berlin 2006, S. 1586.
11. ↥ *Wehensturm.* In: *Pschyrembel Wörterbuch Sexualität.* Berlin 2006, S. 1586.
12. ↥ *Geburt mit PDA (PeriDualAnästhesie).* In: *Hallo Eltern.* 11. Januar 2016 (hallo-eltern.de [abgerufen am 13. Juli 2018]).

Weblinks

Wiktionary: Wehe – Bedeutungserklärungen, Wortherkunft, Synonyme, Übersetzungen

- Alles über Wehen – Ursachen des Wehen-Schmerzes u. a.
- weiterführende Informationen über Übungswehen

VIII. Wehe (Rahden):[8]

Wehe

Stadt Rahden

Koordinaten: 52° 27′ 20″ N, 8° 39′ 22″ O |

Höhe:	43 m ü. NN
Fläche:	24,12 km²
Einwohner:	1730
Bevölkerungsdichte:	72 Einwohner/km²
Eingemeindung:	1. Januar 1973
Postleitzahl:	32369
Vorwahl:	05771

Lage von Wehe in Rahden

[8] Vgl. https://de.wikipedia.org/wiki/Wehe_(Rahden)

Wehe ist ein Ortsteil der Stadt Rahden. Die Ersterwähnung findet sich in einer Urkunde vom 5. April 1243. Bekannt ist die Weher Bockwindmühle, ein Teil der Westfälischen Mühlenstraße, an der im Sommer regelmäßig Mahl- und Backtage, Führungen und Ausstellungen durchgeführt werden.

Geschichte

Wehe in Urkunden

Bockwindmühle

Die Ersterwähnung findet sich in einer Urkunde des Mindener Bischofs Johann von Diepholz, in der das Gut in Husen (Wehe) zum Besitz übereignet wird. Sie ist auf den 5. April 1243 datiert.

Ausgliederung

Am 1. Mai 1858 wurden Gebietsteile an die neue Gemeinde Tonnenheide abgetreten.[1]

Eingemeindung

Am 1. Januar 1973 wurde Wehe in die Stadt Rahden eingegliedert.[2]

Einzelnachweise

---

1. ↑ Stephanie Reekers: *Die Gebietsentwicklung der Kreise und Gemeinden Westfalens 1817–1967.* Aschendorff, Münster Westfalen 1977, ISBN 3-402-05875-8, S. 292.
2. ↑ Statistisches Bundesamt (Hrsg.): *Historisches Gemeindeverzeichnis für die Bundesrepublik Deutschland. Namens-, Grenz- und Schlüsselnummernänderungen bei Gemeinden, Kreisen und Regierungsbezirken vom 27.5.1970 bis 31.12.1982.* W. Kohlhammer, Stuttgart/Mainz 1983, ISBN 3-17-003263-1, S. 325.

Literatur

- Buschmann: *750 Jahre Wehe – Chronik eines Dorfes.* Rahden 1993

Weblinks

- Ortswebsite des Vereins Wehe Aktiv
- Wehe auf der Website der Stadt Rahden
- Website des Heimatvereins Wehe
- Wehe im Kulturatlas Westfalen

Einklappen

Stadtteile von Rahden

Kleinendorf | Preußisch

Ströhen | Rahden | Sielhorst | Tonnenheide | Varl | Wehe

Printed by Books on Demand GmbH, Norderstedt / Germany